# EDITO

La Programmation Neuro-Linguistique (PNL) est l'un des tout premiers outils que j'ai découvert dans le monde du coaching et du développement personnel. J'étais fasciné alors d'apprendre que le succès – quelle que soit la définition que nous lui donnons – soit modélisé avec des outils pragmatiques, accessibles à tous. Non, il ne s'agit pas d'une recette simple à appliquer pas à pas. Plutôt un cadre d'entraînement tel un sport. Mais dont les fruits sont la performance et l'atteinte de ses objectifs pour tous, individus, équipes ou organisation.

Alors il m'est apparu naturel de dédier un numéro de COACHING à cette discipline. Et la personne la mieux placée pour en parler, c'est sans aucun doute Robert DILTS, l'un des pionniers de la PNL avec de nombreux livres à son actif. Qui n'a pas appris les 6 niveaux logiques de DILTS lors de sa formation ? Je suis alors entré en contact avec lui, avec peu d'espoir pour tout vous dire, imaginant un emploi du temps incroyable et des obligations si nombreuses. Mais oh surprise, Robert accepte mon invitation. Et, avec une (bonne) part de chance, il se trouve que Robert se trouve à Paris au bon moment. Ainsi, je suis tellement heureux de vous proposer, en exclusivité pour le magazine, son interview. Tout simplement passionnant !

Loïc SALVADO, formé à l'école des fondateurs de la PNL, nous honore également de son retour d'expérience.

En complément, ce numéro décidément très spécial, vous livre une méthode de coach pour un leadership altruiste et vous présente l'outil ComColors pour une meilleure compréhension de soi et des autres.

Jérémy RENARD
Coach professionnel certifié RNCP 1
Président Mon Coach Transformation
Créateur et Directeur de publication
du magazine COACHING

# SOMMAIRE

# PAS ENCORE ABONNÉ·E ?

## DÉCOUVREZ NOTRE FORMULE SANS ENGAGEMENT

Assurer votre veille du coaching professionnel tout en gagnant du temps en retrouvant l'essentiel de l'information chaque mois

(10 fois par an)

## Vos avantages exclusifs

Abonnement COACHING

### 1. Cette offre est sans engagement

Il vous suffira de cliquer sur le lien de désabonnement pour arrêter quand vous voulez.

### 2. Garantie satisfait.e ou remboursé.e.

La première semaine est gratuite. Vous aurez donc accès automatiquement au premier numéro pour tester le magazine puis 7 jours pour changer d'avis sans justification.

### 3. Des privilèges (offres et bonus)

Vous recevez régulièrement des réductions privilégiées pour nos offres et des ebooks pour compléter votre veille et vous inspirer.

Lien d'abonnement : https://mag.lecoaching.pro/abonnement

**INTERVIEW DU MOIS**

Rencontre avec Robert DILTS à Paris

# INTERVIEW DU MOIS

## La PNL : évolution, apports dans le monde VUCA/BANI, et application en milieu professionnel

Avec Robert DILTS

Je n'aurai pas besoin de vous présenter l'interviewé cette fois, Robert DILTS étant mondialement connu. Ainsi, je reprends une partie de sa bibliographie dans la colonne de présentation ci-contre.

Quel bonheur et quelle chance d'avoir pu interviewer Robert plus d'une heure à Paris le 16 novembre dernier ! Je ne pouvais rêver mieux, pour parler de PNL au sein de ce numéro, que de le rencontrer. C'est également un immense plaisir de vous partager cet échange ici. Pour mener cet interview, j'ai souhaité adresser des questions tournées vers le monde du travail et notre pratique de coach, dans l'accompagnement des managers et des dirigeants notamment.

Que vous soyez aussi inspirés que je l'ai été pendant cette belle rencontre avec le fameux Robert DILTS !

**Robert DILTS**

Pionnier de la PNL, auteur, coach, conférencier, consultant spécialisé en PNL, leadership, créativité et santé

🌐 http://www.nlpu.com/NLPU.html

DILTS, R. (2019). *Modéliser avec la PNL.* InterEditions.

DILTS, R. (2019). *Changer les systèmes de croyances avec la PNL* InterEditions.

DILTS, R. (2021). *La magie du langage.* InterEditions.

DILTS, R. (2023). *Être coach.* InterEditions.

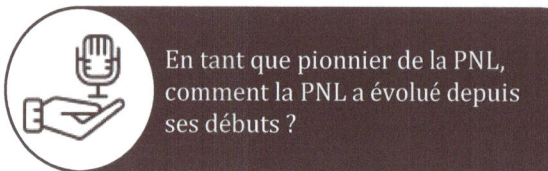

En tant que pionnier de la PNL, comment la PNL a évolué depuis ses débuts ?

La PNL a évolué et en est aujourd'hui à sa 3ᵉ génération. C'est comme cet iPhone avec différentes générations. C'est toujours un iPhone mais avec un système d'exploitation qui évolue et des applications qui s'ajoutent et se mettent à jour pour l'enrichir. Chaque génération ne rend pas la précédente obsolète mais l'enrichit.

La première génération de la PNL était avant tout une **approche cognitive**, en association avec le cerveau, les pensées conscientes et inconscientes.

La seconde génération a ajouté **l'intelligence émotionnelle et l'utilisation du corps et de l'esprit.**

La troisième génération complète avec la relation et les interactions avec les personnes et son environnement. Une approche plus systémique donc qui fait appel à une intelligence nouvelle.

Et La PNL continue d'évoluer.

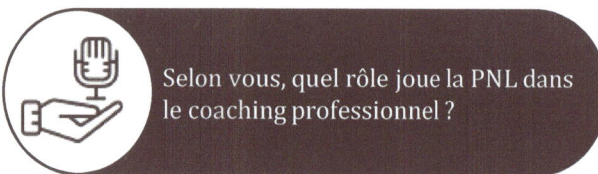

Selon vous, quel rôle joue la PNL dans le coaching professionnel ?

Je pense que la PNL a beaucoup apporté au coaching mais il reste encore beaucoup à faire. La PNL a été l'une des premières méthodologies de coaching. Lorsque la PNL a débuté dans les années 70, il n'existait pas de domaines de coaching comme nous les connaissons aujourd'hui. En parlant de coach, les gens demandaient « *Quelle équipe sportive entraînez-vous ?* ». Parce que ce n'est que dans les années 80 que le coaching a commencé à se développer. Avant cela, il s'agissait surtout de psychologie et de psychothérapie.

Par rapport au coaching, la PNL est une approche axée **sur les résultats et les objectifs**. Avec des critères aussi, la **recherche de ressources et la responsabilisation** de la personne. C'est donc pleinement aligné avec l'intention du coaching. Et plus particulièrement avec le coaching de performance car c'est ce que va rechercher avant tout la PNL.

La PNL apporte aussi un focus sur un état désiré. Or, un résultat bien formé signifie qu'il doit répondre à certains critères comme **être formulé positivement, vers quelque chose qui a du sens**. Si une personne vous demande comment arrêter ceci ou comment éviter cela, vous lui demanderez « *Alors, qu'est-ce que tu veux ?* ». Une fois cela défini, il s'agit de savoir si je peux coacher ou pas. Si une personne souhaite « juste être heureuse », il convient de préciser avec elle ce que cela signifie pour elle.

Autre élément, l'objectif doit être **sous le contrôle de la personne**. Si une personne fait appel au coaching parce qu'elle souhaite que ses enfants se comportent mieux, la question que je pose est : « Alors, qu'allez-vous faire ? ». Donc la personne doit prendre conscience de son rôle et se sentir responsabilisée.

Pour terminer, la PNL a défini un processus, et a **modélisé** les comportements qui sont source du succès en étudiant les personnes qui ont réussi.

Image by 8photo on Freepik

D'un point de vue « opérationnel », pourriez-vous nous partager des exemples de problématiques qu'adresse la PNL en milieu professionnel ?

En premier lieu, c'est clairement **la communication**. Les créateurs de la PNL, BANDLER et GRINDER ont avant tout créé un modèle de communication. Nous sommes des êtres de communication. Prenons l'exemple d'un professionnel de la santé. La communication est un élément clé de son métier. Ensuite, la PNL est vraiment utile car il s'agit fondamentalement de savoir comment communiquer clairement et efficacement.

Je pense que la PNL est également efficace pour **la résolution de problèmes**. Il existe de nombreux outils dont *les 6 niveaux logiques*, probablement le modèle pour lequel je suis le plus connu. La PNL permet d'aborder des problèmes à différents niveaux. Cela répond également aux différentes cultures. Je ne vais pas aborder un problème de la même façon si j'enseigne en Chine et au Japon par exemple.

Enfin, la PNL est surtout connue pour apporter **des outils très pratiques et en même temps fondamentaux**. Ce sont des sujets que j'évoque dans mes livres *Modéliser avec la PNL* et *Être Coach*.

Image by master1305 on Freepik

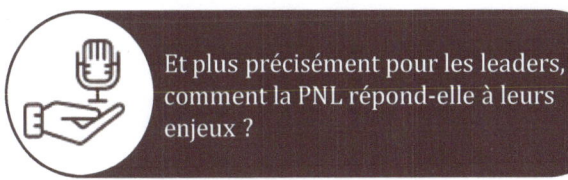

Et plus précisément pour les leaders, comment la PNL répond-elle à leurs enjeux ?

Le leadership est un sujet sur lequel j'ai écrit 3 livres :

- *Alpha leadership* (2009) ;
- *Conscious leadership* (2017) ;
- *Visionary Leadership skills* (2017).

Les leaders ont besoin avant tout :

- D'une vision pour emmener les personnes dans une direction ;
- De définir leur rôle ;
- D'une identité reconnue ;
- Etablir l'objectif de leur mission ;
- Et d'une communication appropriée.

En particulier, ls niveaux logiques permettent de définir la vision.

L'une des principales stratégies que j'utilise souvent avec les dirigeants est **la stratégie Disney**, celle du rêveur imaginaire et du critique réaliste. Et c'est donc très utile pour penser et organiser le chemin à créer. La PNL peut donc vraiment donner aux dirigeants de nombreux outils pour répondre à ce dont ils ont besoin. Tant pour communiquer que pour exécuter.

Dans le programme du leadership conscient, nous évoquons **quatre objectifs fondamentaux pour les leaders** :

1. Promouvoir le changement ;
2. Permettre à ses équipes de se développer ;
3. Obtenir des résultats ;
4. Apporter de la valeur.

Pour cela, ils doivent :

- prôner l'*empowerment* et se coacher eux-mêmes / être coachés, s'élever eux-mêmes ;
- Echanger et communiquer comme nous l'avons vu précédemment et créer ou renforcer une intelligence collective ;
- « Stretcher » les personnes.

La PNL apporte des outils pratiques pour tout cela. Car au-delà de la théorie, c'est par la pratique que nous obtenons des résultats.

Image by wavebreakmedia_micro on Freepik

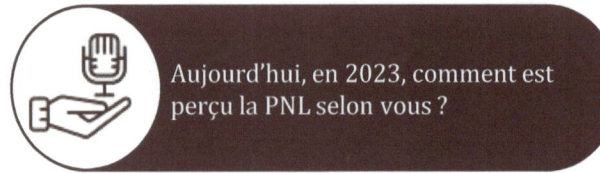
Aujourd'hui, en 2023, comment est perçu la PNL selon vous ?

Je pense à un philosophe. Schopenhauer. Il disait que chaque nouvelle idée passe par trois phases :

- Premièrement, ce n'est pas pris sérieux, voire c'est ridicule. Nous sommes pris pour des fous ;
- Deuxièmement, vous êtes confrontés à une opposition vaillante. C'est forcément faux et infondé ;
- Et troisièmement, c'est comme si nous avions toujours su, telle une évidence.

En fait, **je constate que la PNL est introduite dans de nombreux domaines**. Les gens ne savent même pas vraiment qu'il s'agit de PNL. Mais globalement, cela dépend de l'endroit où nous nous trouvons dans le monde.

> *" Un des points forts de la PNL étant de développer de nouvelles compétences, via la performance, les Français y voient une véritable valeur ajoutée."*

La Chine, c'est différent du Japon et de la France, des États-Unis, de l'Angleterre et de l'Allemagne. Je pense donc que cela dépend de la maturité de ces endroits en termes d'adoption de la PNL.

Aux États-Unis par exemple, ils sont très pragmatiques. Parfois, il y a même un excès d'enthousiasme et une survente. Et franchement, vous savez, les Américains ont tendance à se survendre. Mais dans d'autres endroits c'est plus difficile, parfois, pour obtenir de la crédibilité ou de l'acceptation. Ce qui n'empêche que la PNL est importante pour tous. En 45 ans, la PNL est de plus en plus reconnue.

Pour faire un focus sur la France, il y a quelques années, la PNL figurait sur la liste d'une secte culte. Mais maintenant ce n'est plus le cas. En France, l'accent est mis sur les compétences. **Un des points forts de la PNL étant de développer de nouvelles compétences, via la performance, les Français y voient une véritable valeur ajoutée.**

Image by Freepik

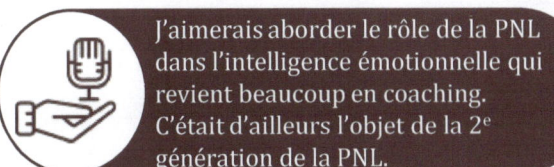

J'aimerais aborder le rôle de la PNL dans l'intelligence émotionnelle qui revient beaucoup en coaching. C'était d'ailleurs l'objet de la 2ᵉ génération de la PNL.

Le changement est important pour la motivation, qu'il soit positif ou négatif. Or, l'émotion peut soutenir la motivation. C'est là qu'intervient la PNL. Comme l'accent a toujours été mis sur la performance, vous réalisez que vous pouvez savoir quoi faire et comment faire grâce à la PNL. Les situations compliquées interfèrent dans les capacités des gens. Alors avoir une meilleure compréhension de la situation semble être la meilleure solution. C'est commencer par nommer un état de blocage ou une émotion limitante comme la frustration ou la peur par exemple.

Ensuite, en tant que coach, vous devez être capable d'apporter de l'émotion dans la conversation et dans n'importe quelle situation pour amener au changement. L'intelligence émotionnelle ne veut pas dire "être émotif". **Mais cela signifie aussi ne pas se déconnecter.** Il faut être capable de comprendre, superviser, utiliser les émotions de manière utile.

Lorsque j'enseigne l'intelligence émotionnelle, je dis que le but de l'émotion est que c'est une réaction à l'environnement dans lequel vous vous trouvez, qu'il y a là un message important qu'il s'agisse de peur, de frustration ou toute autre émotion. **Ainsi, toutes les émotions, même si certaines semblent uniquement négatives ont aussi un côté positif.**

Rappelons l'état *COACH* qui va faire preuve d'intelligence émotionnelle :

- **C**entré ;
- **O**uvert ;
- **A**ccompagnant en conscience (Alerte) ;
- **C**onnecté (à l'intérieur de soi-même et à quelque chose de plus grand que soi) ;
- **H**ospitalité (créer un espace, une attitude hospitalière, être prêt à accueillir ce qui va se passer).

L'état COACH étant opposé à l'état *CRASH* :

- **C**ontraction ;
- **R**éaction ;
- **A**nalyse paralysante (rumination) ;
- **S**éparation ;
- **H**aineux (blessant).

Par exemple, si je suis dans un état *COACH*, une peur apparaît comme une ressource, avec l'intention de me protéger. Mais si vous êtes en état *CRASH*, la peur apparaît comme de la violence.

L'élément clé est la conscience de l'état dans lequel se trouve la personne. Il se peut qu'une émotion survienne d'une manière, pas très positive ni utile. Finalement, la clé est d'être capable, **quelles que soient les émotions qui se manifestent, de pouvoir les transformer.**

Vous pouvez aussi utiliser la métaphore de l'Aïkido. Si quelqu'un vous attaque, ne ripostez pas. Ne la prenez pas comme une agression. Il s'agit de se mettre dans un état permettant d'entrer de reconnaître l'émotion sans se laisser immerger. Puis, chercher à comprendre quel est son message. Comment intégrer cette émotion ? Dans quelle situation ? De quoi d'autre ai-je besoin ?

Dans un monde dit *BANI*, comment accompagnez les leaders pour qu'ils restent performants ? Leurs demandes évoluent-elles en conséquence ?

Je me souviens de mes cours à l'UCLA (Université de Californie à Los Angeles). Nous parlions du monde de VUCA remplacé aujourd'hui par le nouvel acronyme BANI. Vous savez, c'est le monde dans lequel nous pouvons prédire qu'il est impossible de prédire un changement permanent. Plus tôt cette année, j'ai publié la 3e édition du livre *Être Coach* où j'évoque le management dans un monde chaotique.

Les derniers mois ont indéniablement marqué une accélération dans la prise de conscience collective des bouleversements de notre planète, et une rupture dans le rapport au monde et à la société de chacun, et aussi plus spécifiquement dans le rapport au travail. De nombreux managers nous font part de leur difficulté à comprendre les réactions de certains de leurs collaborateurs. Nous avons aussi beaucoup de témoignages de managers sur la nécessité de beaucoup rassurer des équipes pleines d'angoisses et d'interrogations. **Pour manager dans ce contexte, il est essentiel de comprendre que nous sommes en train de changer de monde et qu'il est indispensable d'adapter sa posture et ses pratiques managériales.**

J'ai aussi écrit un livre sur le coaching génératif, dont l'idée est qu'il faut **faire quelque chose de nouveau pour s'adapter à ce monde changeant.** C'est-à-dire quelque chose qui n'a jamais été fait auparavant. Par exemple, la pandémie nous a montré clairement qu'il fallait agir différemment. C'est l'idée du changement génératif.

Lorsque vous êtes dans l'incertitude, il y a toujours à la fois un danger et une opportunité. Alors comment puis-je en profiter en considérant l'opportunité ? L'incertitude n'est pas toujours simplement mauvaise. Cela veut simplement dire que j'ai besoin d'une stratégie pour y faire face. Ce qui signifie que **je dois rester agile**, comme nous le comprenons dans la méthode SCRUM.

**Vous devez toujours avoir une vision** même si on ne voit pas forcément la destination car tout peut changer. La vision devient comme une boussole, vous naviguez avec l'étoile polaire. C'est là que je peux trouver la sécurité dans l'incertitude. Et alors les personnes continuent de vous suivre car vous êtes convaincus dans votre vision et la direction que vous leur donnez. Dans un tel contexte, les valeurs ne changent pas, les priorités peut-être.

Image by kues on Freepik

Dans un contexte BANI, il existe **six étapes pour faire du changement une opportunité** :

1. Adopter le bon état d'esprit. Le leader doit se maîtriser un état d'esprit propice au changement, avec l'intention de créer quelque chose de nouveau.

2. Déterminer la direction à suivre. Les résultats précis attendus n'ont pas besoins d'être définis ici car il existe encore trop d'incertitude.

3. Collecter les ressources nécessaires. Ce que nous pouvons réaliser à chaque niveau de la pyramide.

4. Passer à l'action. Je ne connais pas le chemin mais je sais que je peux me servir de mon agilité, de créer le chemin au fur et à mesure dans cette incertitude. Tel un missile que vous guidez.

5. Accueillir les résultats et transformer. Dans l'incertitude, il s'agit de rester connecter à trois niveaux : être connecté à soi, à la direction fixée et aux ressources. Comme sur un terrain de Rugby, je suis connecté à moi, à une direction pour marquer un essai et à mon équipe (mes ressources) en sachant où elle est, et je sais où sont mes adversaires. L'intelligence émotionnelle que nous évoquions joue un rôle particulièrement important ici.

6. S'entraîner encore et encore dans ce monde nouveau. En faisant des erreurs, en rectifiant mais toujours en avançant. Les managers connaissent le leadership. Ce n'est pas pour autant qu'ils sont bons. Seule la pratique le permet.

Image by rawpixel.com on Freepik

En synthèse, les demandes des leaders dans un contexte BANI ne changent pas fondamentalement. Mais ils ont besoin de savoir s'adapter dans ce contexte changeant. Ce que leur apporte la PNL qui, tel un ordinateur, dispose d'un système d'exploitation et des applications nouvelles, en constante évolution. Il s'agit de les mettre à jour et d'en ajouter éventuellement.

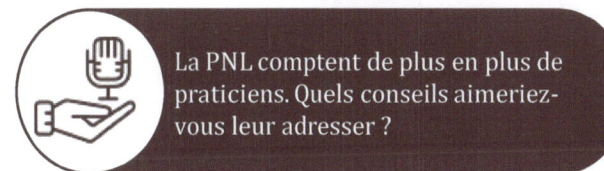

La PNL comptent de plus en plus de praticiens. Quels conseils aimeriez-vous leur adresser ?

Tout d'abord, **se concentrer sur les fondamentaux pour les maîtriser**. Et pas seulement sur les outils, mais aussi les fondamentaux de la méthode.

Et ensuite, **pratiquer, pratiquer et pratiquer**. J'ai mes propres façons de pratiquer, mais chacun peut le pratiquer à sa manière.

Je pratique la PNL pour absolument tout sauf pour respirer peut-être. Et encore. Souvent, même si je suis dans le métro, je m'entraîne. Quand on me demande comment j'ai fait pour trouver le temps d'écrire autant de livres, je réponds que c'est grâce à la PNL.

Finalement, **vous êtes votre premier client** pour apprendre la PNL. Avant de le pratiquer sur d'autres personnes, vous allez d'abord l'utiliser pour vous et vérifier que cela fonctionne pour vous.

Une autre image est celle du piano avec ses notes et ses 88 touches. Avec le même instrument, vous pouvez décider de jouer des musiques très différentes. Et de nouveau, c'est la pratique qui fait que vous pourrez réaliser de nouvelles choses et faire preuve de davantage de créativité.

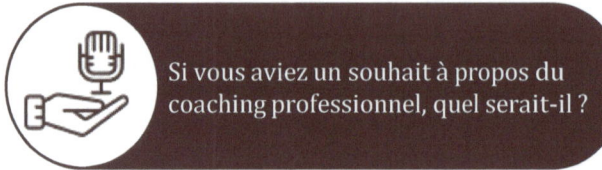

Si vous aviez un souhait à propos du coaching professionnel, quel serait-il ?

C'est quelque chose que j'ai toujours dit, ma plus grande vision de pourquoi je pratique le coaching : mon souhait serait de **créer un monde auquel les gens veulent appartenir, puissent être où ils veulent être.** L'accompagnement via le coaching y contribue. En effet, le coaching consiste à donner à l'autre les moyens d'être la meilleure version de lui-même. Et je pense que si vous pouvez donner à tout le monde les moyens d'être la meilleure version de vous-même, vous le faîtes. C'est ce que je fais. Pour moi, le coaching est la meilleure façon d'y parvenir, je ne connais pas d'autre moyen plus efficace. Et je pense que c'est une chance que le coaching nous permette cela.

Mon souhait est également que le coaching continue de devenir un mouvement et pas seulement un métier. **Un mouvement dont tout le monde peut bénéficier.** Un monde où tout le monde est coach en s'entraînant, avec leurs connaissances et leur expérience. Où chacun est une ressource pour les autres. Vous le constatez aussi dans le sport. Les joueurs deviennent ainsi l'entraîneur.

J'ai mon analogie avec les bougies. J'ai ma bougie, vous avez votre bougie. Pourquoi ne pas allumer 1.000 bougies avec notre bougie ? Je pense donc que le coaching permet d'allumer des bougies et que même si la mienne commence à s'éteindre, quelqu'un pourra la rallumer.

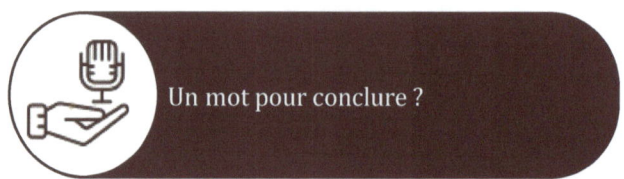

Un mot pour conclure ?

La PNL fournit des outils pour les rêveurs. **Elle permet de transformer les rêves en réalité.**

A travers le langage des êtres humains, c'est comment **les mots changent le monde.** Et c'est vraiment magique. Dans le livre *Sleight of Mouth*, je montre à travers l'histoire comment les dirigeants, les philosophes, les enseignants, ... utilisent les mots pour changer le monde. Vous pouvez tout changer avec les mots. Comme tout pouvoir, vous pouvez l'utiliser pour le pire ou pour le meilleur.

" *How words change worlds.* "

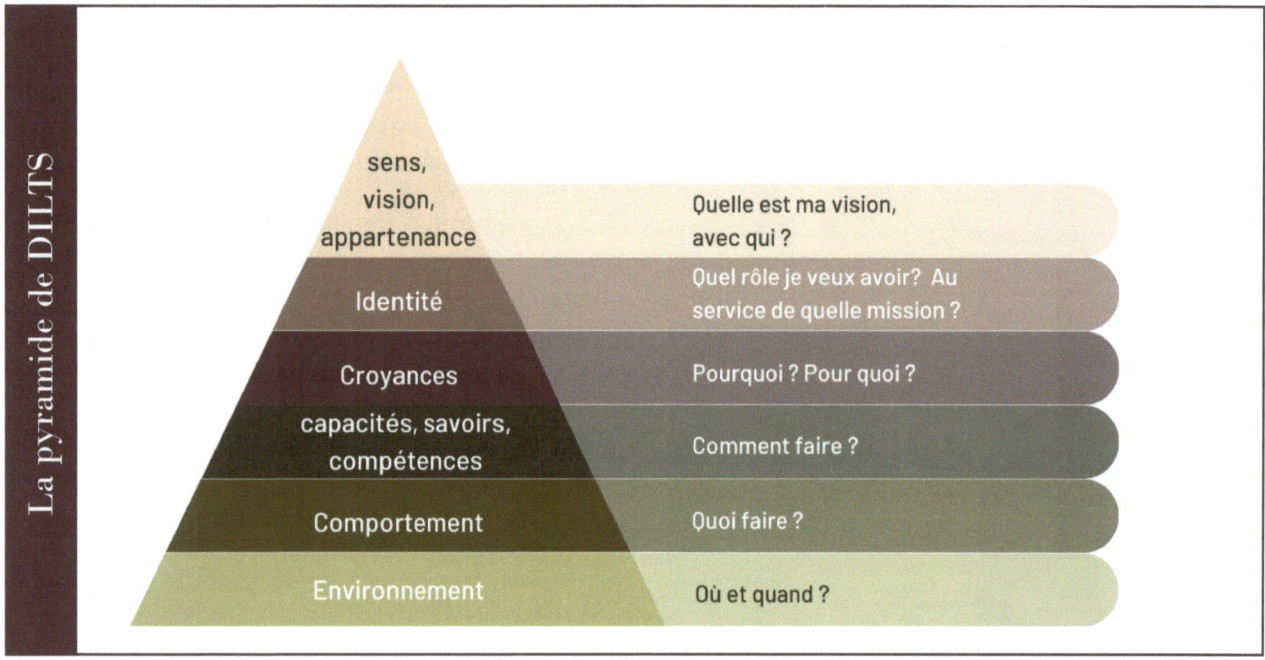

# EXPÉRIENCE DE COACH

*Gagner en rapidité et en efficacité dans vos accompagnements de coaching avec la PNL – Loïc SALVADO*

# EXPÉRIENCE DE COACH

## *Gagner en rapidité et en efficacité dans vos accompagnements de coaching avec la PNL*

Avec Loïc SALVADO

On entend beaucoup parler de Programmation Neuro-Linguistique ou PNL dans les formations en coaching. On la retrouve notamment dans les outils tels que le SCORE, les domaines de conscience de BATESON, les chapeaux de BONO…

Mais elle reste, pour beaucoup de coachs, un concept abstrait encore difficile à définir. Pourtant, elle apporte grandement tant aux coachs dans leur pratique qu'à leurs coachés. En effet, pour ces derniers, la PNL permet de se libérer des freins inconscients et des croyances limitantes pour favoriser la mise en mouvement.

**Loïc SALVADO**

Coach Professionnel Certifié RNCP7
Maître Praticien et Formateur PNL certifié
Richard BANDLER

☎ +33 (0)6 76 41 79 16 / ✉ loic@acceleracteurs.com
🌐 https://www.acceleracteurs.com

Depuis que je pratique le coaching professionnel, j'ai trois obsessions :

- permettre à mes clients de percevoir le plus de solutions possibles, et augmenter leur degré de liberté ;
- les aider à lever au plus tôt leurs freins inconscients et les mettre en mouvement de manière sécurisée ET confortable ;
- améliorer systématiquement la rapidité et l'efficacité de mes accompagnements.

Ce sont les raisons qui m'ont amené à choisir ce métier. Ce sont aussi mes principaux leviers motivationnels, qui me poussent à m'améliorer continuellement dans ma pratique.

Aussi, je pratique la thérapie brève avec la PNL et l'hypnose. Les différentes facettes se nourrissent les unes les autres.

La transmission a toujours été dans mon ADN. Et aujourd'hui, j'organise des séminaires de formation pour former de futurs Praticiens PNL certifiés Richard BANDLER ; avec Caroline, ma compagne et partenaire, elle aussi Maître Praticienne PNL.

## Rappel sur ce qu'est la PNL

Si la PNL reste difficile à définir, c'est avant tout parce qu'elle englobe beaucoup de choses.

Elle est à la fois **un état d'esprit, une méthodologie de modélisation** des **comportements, un ensemble d'outils et de techniques** transposables à l'individu, au collectif et aux organisations.

En tant que coach, j'ai été confronté très tôt aux freins inconscients de mes clients. Je me suis aperçu qu'avoir conscience de ses croyances limitantes n'était pas toujours suffisant pour pouvoir les contourner. La PNL m'a apporté des outils rapides, efficaces, et ludiques pour amener des déblocages profonds et pérennes.

## La modélisation comme point central

Quand Richard BANDLER et John GRINDER élaborent la PNL dans les années 70, leur idée de départ est de s'intéresser à **l'étude des comportements à succès, pour pouvoir les modéliser puis les transmettre**.

En d'autres termes : s'intéresser aux solutions, en établir des stratégies et des processus, pour ensuite pouvoir les enseigner et permettre à un plus grand nombre d'en profiter.

Alors en études de psychologie, les deux co-fondateurs rencontrent Grégory BATESON. Ce dernier, curieux de leurs travaux, les met en contact avec :

- Milton ERICKSON, qui obtient des résultats thérapeutiques exceptionnels avec l'hypnose clinique ;

- Virginia SATIR, l'une des fondatrices de l'école de Palo Alto qui intervient dans les thérapies familiales ;

- et Fritz PERLS, créateur de la thérapie Gestalt.

> **"** *S'intéresser aux solutions, en établir des stratégies et des processus, pour ensuite pouvoir les enseigner et permettre à un plus grand nombre d'en profiter.* **"**

L'objectif pour BANDLER et GRINDER est de pouvoir extraire des modèles de comportements et de langage suffisamment précis pour pouvoir, dans une situation donnée, **prédire ce que la personne s'apprête à faire ensuite**.

De fil en aiguille, la PNL évolue, s'enrichissant de nouveaux modèles **pour devenir à la fois la technique de modélisation et en même temps un ensemble de techniques thérapeutiques**.

## Les différentes applications de la PNL

Par définition, la PNL est à la fois un état d'esprit, une épistémologie et une technologie ; une méthodologie et une méthode.

Elle est donc directement applicable à tous les domaines d'expertise imaginables :

- la thérapie ;

- le management ;

- la communication ;

- le leadership ;

- la vente ;

- l'enseignement ;

- le développement personnel ;

- Etc.

## Utiliser la PNL en coaching

La Programmation Neuro-Linguistique part du postulat que tout s'apprend : nos peurs, nos croyances, notre manière de penser... **Tous ces apprentissages sont acquis tout au long de notre vie par l'intermédiaire de nos cinq sens** : Visuel, auditif, kinesthésique, olfactif et gustatif (ou VAKOG).

Nos expériences, au fur et à mesure qu'elles se répètent et s'accumulent, finissent par cristalliser et devenir des automatismes de pensées. **Ces derniers permettent à notre cerveau d'adopter un mode de fonctionnement prédictif**, beaucoup plus rapide et moins coûteux en énergie que s'il devait s'adapter constamment à une nouvelle situation.

Cependant, il arrive que le contexte change, mais que ces automatismes ne suivent pas le mouvement. Ils ne sont alors plus efficaces pour la personne, voire même parfois très handicapants. On le retrouve fréquemment en coaching avec **le syndrome de l'imposteur, les notions d'illégitimité, la peur de passer à l'action, la peur du jugement...**

La PNL s'intéresse principalement à ces programmes, pour les désinstaller et en réinstaller de nouveaux, plus efficaces et confortables, en passant par les états modifiés de conscience, les sensations corporelles, la visualisation...

Elle permet aux coachés de débloquer en profondeur, et en quelques minutes, des problématiques qui auraient nécessité plusieurs séances de coaching. Et ainsi poursuivre le processus de coaching plus rapidement et favoriser le passage à l'action.

La PNL est aussi directement applicable à :

- la préparation mentale ;
- la gestion du stress ;
- la communication ;
- Etc.

### Éthique et déontologie

La PNL est-elle une forme de manipulation ?

La réponse est très similaire à celle que l'on pourrait donner pour l'hypnose : oui et non.

Comme chez un ostéopathe ou un kinésithérapeute, il y a manipulation thérapeutique de la personne, qui vise à la débloquer, à la libérer d'une peur ou d'une croyance, à l'amener à générer de la motivation, de la confiance en soi... Mais **la PNL est avant tout un outil.** La manière dont elle est utilisée dépend fortement du praticien.

Ceci étant dit, la PNL est elle-même une forme de thérapie brève. Elle reprend les meilleures stratégies de l'Hypnose Thérapeutique, des Thérapies Familiales, de l'Approche Systémique, de la Sémantique Générale, de la Cybernétique et des différents travaux de l'école de Palo Alto. Elle est donc **très fortement inspirée de l'approche centrée sur la personne.**

Exactement comme en coaching, le praticien PNL adopte donc une posture haute sur le cadre, basse sur le contenu, et vérifie à chaque étape l'écologie de la personne. C'est la raison pour laquelle les deux disciplines sont si complémentaires.

## Cas d'utilisation simple

Certaines personnes ont peur des chiens, d'autres non. Ce n'est donc pas le chien qui est porteur de la peur, mais bien la personne elle-même.

La PNL permet de désinstaller le programme « Peur des chiens » chez la personne et d'installer de nouveaux programmes plus efficaces, comme par exemple « Curiosité des chiens ».

Pour réaliser cela, on s'intéressera :

- à la manière dont le client évoque ou non des souvenirs associés aux chiens ;
- à la manière dont la peur s'exprime chez le client : où elle se situe dans le corps, quelle forme elle prend, quel mouvement…
- à ce que le client aimerait avoir à présent à la place de cette peur.

Puis on l'amènera en état de conscience modifié pour l'aider à modifier la manière dont ses souvenirs lui reviennent, modifier les sensations liées à la peur des chiens, générer de la curiosité, voire même de revoir la part d'identité qu'il a construite autour de cette peur.

## Les principales problématiques que l'on peut débloquer avec la PNL

La PNL permet de traiter en profondeur de nombreux sujets. Parmi les plus courants, on peut citer :

- Effacer des peurs et phobies ;
- Effacer le contenu ou la charge négative d'un souvenir ;
- Changer une croyance limitante et renforcer une croyance aidante ;
- Atténuer des émotions difficiles et surmonter des souvenirs traumatiques ;
- Accélérer ou débloquer un processus de deuil complexe ;
- Installer de la motivation, de la curiosité, de la confiance en soi ;
- Préparer un examen.

## Bénéfices et limites de la PNL

Il y a très souvent un avant et un après une séance de coaching avec la PNL. Parmi les bénéfices majeurs constatés :

- Les états modifiés de conscience permettent de mettre en pause les objections de l'esprit rationnel et logique, et d'accéder aux processus inconscients de la personne, pour **aller directement dans le ressenti et dans le « vrai »** ;
- Sur les 35000 décisions prises par jour par une personne standard : 99,75% sont prises inconsciemment. Les 0.25% restantes sont prises au niveau de l'inconscient, puis ensuite notifiées à la conscience. **Tous nos comportements, toutes nos actions, sont pilotées par l'inconscient. Et c'est à ce niveau que travaille la PNL** ;
- **Le changement opère en quelques minutes** et permet parfois de sauver une séance et de la poursuivre dans une dynamique nouvelle.

Quant aux limites de la PNL, elles sont avant tout dues au fait qu'elle **doit être pratiquée par un praticien formé selon un enseignement sérieux** pour en comprendre les mécanismes et se les approprier. C'est dans le même temps agir avec éthique et déontologie pour ne pas utiliser les techniques de la PNL à des fins de manipulation (*cf. encadré page précédente*). Certains pourraient également reprocher à la PNL son manque de preuves scientifiques, cette discipline ayant été construite avant tout sur des bases empiriques.

Pour terminer, en entreprise, où l'hypnose n'est pas encore monnaie courante, la PNL a dû s'adapter et a été formalisée à travers les outils précédemment cités pour s'adapter aux cultures d'entreprises.

## La technique du Visual Squash

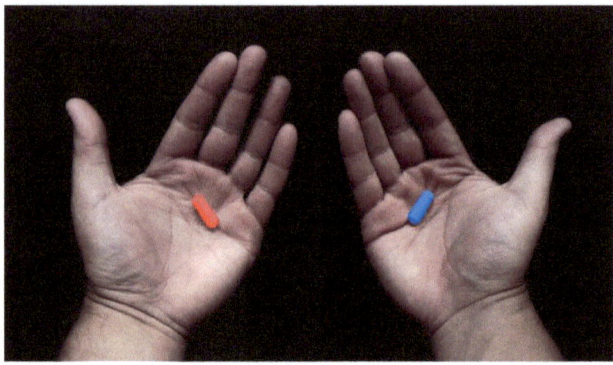

Souvent, quand un client ne se met pas en mouvement, c'est en grande partie pour la raison suivante : le cerveau préfère toujours la situation connue. Elle a le bénéfice d'être sécurisante pour le cerveau, même quand elle est très inconfortable.

Et dans 100% des cas, notre inconscient préfère une sécurité connue à un objectif certes motivant mais incertain.

La technique du Visual Squash a pour objectif **d'aider notre client à se connecter et de visualiser à la fois** :

- Dans une main, les bénéfices qu'il obtiendra à l'atteinte de son objectif ;
- Dans l'autre main, les bénéfices de l'état actuel et de ne pas se mettre en mouvement.

Puis de faire se rejoindre ses deux mains, pour permettre à l'inconscient de trouver une nouvelle solution alternative, plus écologique que l'objectif initial, et plus naturelle à atteindre.

## Paroles de coachés

" *Les séances de PNL ont vraiment été d'une grande aide. J'ai plus avancé en l'espace de quelques semaines qu'en plusieurs années chez des psys. [...] Ce nouveau regard que je peux porter sur moi-même est vraiment un changement que je n'osais même plus espérer après tant d'années de souffrance.* "

" *Confrontée à des addictions anciennes et d'autres plus récentes, je me suis tournée vers la PNL[...] Je me suis dit : « Allez, on essaie ! Au pire ça ne marchera pas. » Mais ça a marché au-delà de mes espérances. Mes addictions ne me dominent plus comme c'était auparavant le cas ! Et je suis globalement plus apaisée et sans idées noires. Je n'étais pas venue pour cela mais j'ai aussi gagné sur ces 2 points !* "

### Pour aller plus loin
Vidéo qui retrace l'histoire de la PNL, avec de nombreux témoignages :
https://www.youtube.com/watch?v=B_dAY14wSow

- BANDLER, R. (1985). *Un cerveau pour changer*. Éditions Trédaniel.
- BANDLER, R. & GRINDER, J. (1975). *Le recadrage*. Éditions Trédaniel.
- DILTS, R. (1998). *Modéliser avec la PNL*. Éditions Labor et Fides.
- BANDLER, R. (1991). *Obtenez la vie que vous voulez*. Éditions Trédaniel.
- BANDLER, R. & GRINDER, J. (1975). *La structure de la magie*. Éditions Trédaniel.

# Vous préférez la formule d'abonnement classique ?

| 3 MOIS | 6 MOIS | 12 MOIS |
|--------|--------|---------|
| BRONZE – 3 MOIS | SILVER – 6 MOIS | GOLD – 12 MOIS |

## ... ou retrouver les anciens numéros ?

COACHING MAG

Retrouvez-nous sur : lecoaching.pro 🌐

ou écrivez-nous à lecoachingpro@gmail.com ✉

# L'OUTIL DU MOIS

*ComColors* – Franck JULLIEN

# L'OUTIL DU MOIS

## ComColors

### Par Franck JULLIEN

**Franck JULLIEN**
*Créateur du modèle ComColors*

🌐 https://www.comcolors.com/fr/
in https://www.linkedin.com/in/franck-jullien/
▶ https://www.youtube.com/@SUPERGREENCOMCOLORS

**Mieux se comprendre et retrouver sa motivation profonde**

Dans le foisonnement complexe des interactions humaines, **la compréhension des types de personnalité constitue un pilier essentiel pour favoriser des relations fructueuses et un environnement professionnel harmonieux.** Les modèles de types de personnalité offrent une clé précieuse pour déverrouiller les intrications subtiles qui façonnent nos comportements et nos réactions.

Au cœur de cette exploration psychologique, le modèle *ComColors* se distingue par sa démarche bienveillante et scientifiquement robuste. À travers une approche rigoureuse de la psychométrie, il offre un éclairage précieux sur le fonctionnement de l'individu, permettant non seulement de **comprendre, mais également de perfectionner les dynamiques interpersonnelles.**

Franck Jullien a consacré la plus grande partie de sa vie à étudier les types de personnalité. Il est formateur et coach depuis plus de 20 ans et est certifié sur les modèles MBTI, Process Communication, Belbin : Les rôles en équipe, Coach & Team, Praticien en PNL, 101 – Analyse Transactionnelle.

Convaincu que l'approche par les types de personnalité était celle qui apportait les meilleurs résultats de manière saine et durable, il crée le modèle *ComColors* en 2005 pour incarner une démarche bienveillante auprès des individus tout en étant scientifiquement rigoureuse.

Dans l'approche *ComColors*, il n'y a pas de défaut à corriger pour être meilleur, ni de compétences à développer pour être plus performant. Il y a néanmoins à :

- améliorer sa connaissance de soi pour être plus motivé ;

- comprendre sa contribution spécifique en équipe ;

- améliorer ses relations personnelles et professionnelles ;

- mieux gérer les situations de stress ;

- savoir déminer les relations tendues à temps pour gérer les conflits.

Image by Racool_studio on Freepik

### Les 6 types de personnalité du modèle *ComColors*

L'étude psychométrique de *ComColors* a permis de distinguer **6 types de personnalité** en mesurant 3 comportements qui sont spécifiques à chaque type de personnalité : les 6 motivations, les 6 comportements sous stress et les 6 comportements conflictuels.

Le modèle *ComColors* les représente par des couleurs distinctes : vert, jaune, orange, rouge, violet et bleu. En attribuant des couleurs aux 6 profils possibles plutôt que des noms, l'identification du coaché se fait sans a priori, pour éviter les interprétations potentiellement négatives.

**Nous possédons tous en nous ces 6 types de personnalité dans des pourcentages variables.** Utiliser un de nos types de personnalité, c'est communiquer et fonctionner de manière spécifique à cette couleur. Nous en sommes tous capables, avec plus ou moins d'aisance selon le pourcentage associé à ce type de personnalité.

Par exemple, la personne à qui correspond ce diagramme aura des facilités à montrer les caractéristiques de la couleur rouge (100%), mais cela lui demandera plus d'efforts pour utiliser la couleur orange (54%) :

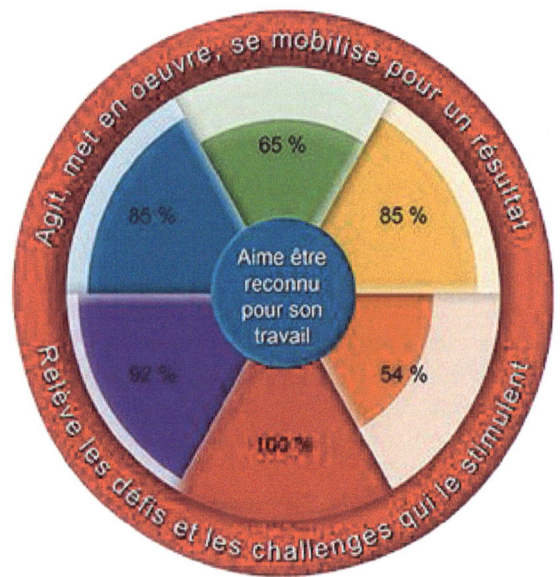

*Exemple de diagramme ComColors*

A chaque type de personnalité correspond :

- une motivation ;

- des points forts ;

- une gestion du stress spécifique.

Mais savoir se placer dans ce diagramme est plus délicat qu'il n'y paraît et nécessite plusieurs étapes.

## La démarche *ComColors*

La démarche de découverte du profil *ComColors* débute par **un questionnaire** à remplir par le coaché. Le but est de faire émerger ses comportements naturels et de tester quels sont les traits qu'il montre le plus fréquemment au quotidien. Ses réponses sont ensuite **analysées via le prisme de la psychométrie**, pour obtenir des résultats sous la forme de pourcentages pour chacune des 6 couleurs du modèle *ComColors*. Le cercle extérieur représente sa couleur dominante et le rond central sa couleur secondaire.

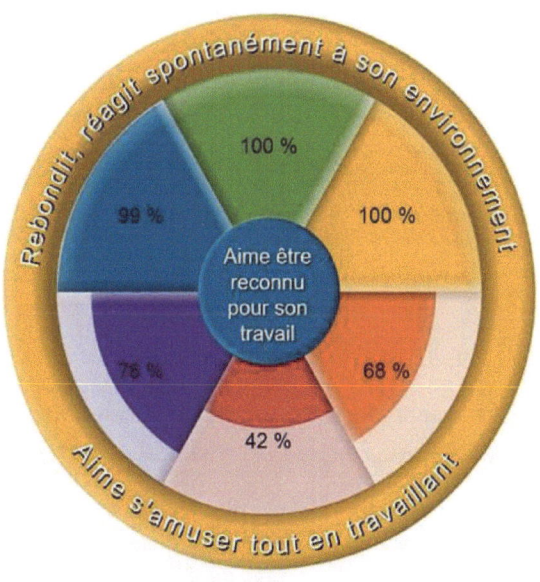

*Exemple de résultat d'une personne de couleur dominante jaune et de couleur secondaire bleue (cercle externe et rond interne)*

**L'entretien individuel**[1] est une discussion libre entre la personne et un coach *ComColors* pour valider les résultats obtenus suite au questionnaire. Il ne s'agit pas seulement d'expliquer le type de personnalité obtenu, mais bien de le challenger entièrement pour éviter les biais de l'auto-perception.

C'est lors de cet entretien que le rôle du coach prend tout son sens dans la démarche *ComColors*, puisque c'est grâce à son intervention qu'il pourra **faire émerger la motivation profonde du coaché**.

## La psychométrie, c'est quoi ?

La psychométrie est une discipline de la psychologie qui se concentre sur la **mesure et l'évaluation des traits psychologiques**. Elle repose sur des méthodes et des tests standardisés visant à quantifier des caractéristiques de manière objective.

Dans le contexte des modèles de types de personnalité, la psychométrie joue un rôle crucial en fournissant des outils permettant de catégoriser et de mesurer les différents aspects qui caractérisent chaque type de personnalité.

Dans la démarche *ComColors*, il convient en effet de réexaminer le déclaratif pour écarter ce qui trouble l'identification du type de personnalité, comme la désirabilité sociale ou les comportements appris. L'idée est donc **d'éliminer le décalage entre l'image que le coaché a de lui ou qu'il souhaite donner, et la réalité de sa personnalité.**

Grâce à une méthodologie propre au modèle *ComColors*, le coach est capable de voir au-delà des biais de l'auto-perception pour valider la couleurs dominante et la couleur secondaire du participant.

Sur le diagramme précédent, les résultats du questionnaire donnaient les couleurs jaune et verte à 100%. Pourtant, après le debriefing avec le coaché, il est apparu que la couleur qui se manifeste le plus et depuis le plus longtemps est le jaune, tandis que le bleu correspond à une motivation puissante du moment. La couleur verte apparaissait avec un fort pourcentage car elle représente l'image que la personne avait d'elle-même.

Suite au débriefing et à la validation des couleurs du coaché, le coach lui remet **un bilan de personnalité**. C'est un document illustré de 20 pages, qui contient toutes les informations sur ses couleurs mais aussi des conseils pratiques et concrets pour améliorer sa communication et stimuler sa motivation.

Plus précisément, il détaille :

- les traits de sa personnalité ;
- son environnement de travail favorable ;
- son filtre de perception ;
- le cœur de sa motivation ;
- son style d'organisation ;
- ses rôles préférés dans une équipe ;
- ses comportements sous stress.

*L'application ComColors accompagne les coachs et les coachés dans leur pratique du modèle*

## La couleur dominante ROUGE

| | |
|---|---|
| **Qualités :** | Actif, énergique, caméléon |
| **Environnement :** | En fonction des opportunités |
| **Filtre de perception :** | Agit en premier |
| **Motivation :** | Besoin d'être important en relevant des challenges et des défis |
| **Comportement conditionnel :** | Doit trouver une solution... et vite |
| **Comportement conflictuel :** | Explose, fait beaucoup de bruit |

*Éléments de compréhension de la couleur dominante rouge*

### Une meilleure connaissance de soi et des autres

Découvrir son type de personnalité, c'est comprendre tous les comportements qui nous constituent, que nous ne pouvons pas changer mais sur lesquels nous pouvons nous appuyer. Chaque type de personnalité possède une motivation propre qui est au cœur du changement profond espéré par le coaché. La connaître et l'utiliser permet de débloquer un levier puissant qui fait apparaître les points forts individuels et en équipe, mais qui permet aussi d'agir sur les situations de stress. En effet, en puisant dans la motivation intrinsèque liée à son type de personnalité, l'approche *ComColors* **offre non seulement une voie pour se ressourcer mais également un moyen concret de sortir du cycle du stress, rétablissant ainsi un équilibre émotionnel et une énergie positive.**

Ce profil de personnalité est une source d'informations riche et complète pour accompagner le coaché dans la complétion de ses objectifs. Ces connaissances peuvent être retrouvées et mises en pratique grâce à **l'application développée spécifiquement pour le modèle *ComColors*,** qui sert à la fois de support technique et pédagogique au coach et de véritable boîte à outils pour le coaché.

> **" Un levier puissant qui fait apparaître les points forts individuels et en équipe, mais qui permet aussi d'agir sur les situations de stress. "**

Par exemple, une personne de type jaune a besoin de nouveauté pour se ressourcer. Lorsqu'elle se met à peiner face à une tâche, elle risque de se démotiver et de se braquer. Son type de personnalité lui indique que la solution est de changer temporairement de tâche. En satisfaisant sa motivation grâce à une activité différente, elle pourra revenir plus tard avec une énergie renouvelée et faire face à la situation plus sereinement.

De manière plus globale, il a été observé chez les personnes ayant fait la démarche *ComColors* un réel soulagement de se sentir comprises et acceptées telles qu'elles sont, à rebours des injonctions à rentrer dans le moule voulu par la société.

L'individu de type jaune évoqué plus tôt risque d'avoir une mauvaise image de lui-même car on lui a répété qu'il était désorganisé. Mais découvrir que ce qu'il prenait pour un défaut cachait en réalité le moteur de sa motivation – la nouveauté – lui ouvre une nouvelle lecture de son comportement. **Il peut alors mettre en adéquation sa façon de fonctionner et sa nature profonde, sans jugement.**

*ComColors* révèle les préférences et les styles propres aux 6 types de personnalité. Cette clarté **favorise un dialogue plus fluide et une meilleure compréhension mutuelle au sein d'une équipe ou dans des relations interpersonnelles**. De plus, la prise de conscience des modes de gestion du stress propres à chaque profil offre un avantage significatif dans la prévention des conflits et la promotion d'un environnement propice à la productivité.

> **"** Il a été observé chez les personnes ayant fait la démarche *ComColors* un réel soulagement de se sentir comprises et acceptées telles qu'elles sont. **"**

La connaissance des types de personnalité permet à une équipe diverse de **capitaliser sur les forces individuelles spécifiques aux 6 couleurs**. En comprenant les motivations et la façon de communiquer de chacun, les membres collaborent efficacement, favorisant un environnement productif et harmonieux.

C'est pourquoi l'approche *ComColors* est pertinente pour être déployée en milieu professionnel. Elle permet d'enclencher une amélioration sur les problématiques de :

- cohésion d'équipe,
- leadership,
- bien-être au travail
- gestion des conflits.

Image by peoplecreations on Freepik

L'approche *ComColors* est inédite, car elle va au-delà des biais de l'auto-perception pour mettre les individus en contact avec leur motivation profonde. En tant que point de départ de cette découverte de soi, le profil de personnalité permet **d'améliorer significativement l'estime de soi, la communication avec les autres et la gestion du stress.**

## Illustration d'application en entreprise

En 2018, *ComColors* est intervenu au sein d'une entreprise où les **conflits étaient réguliers entre les membres de l'équipe commerciale et avec le manager**.

Le programme de cohésion d'équipe mis en place a débuté par un entretien de découverte du profil du manager, suivi de 3 séances de coaching.

Ensuite, toute l'équipe a participé à une cohésion d'équipe avec l'approche *ComColors*.

Les résultats de cette action se sont matérialisés dès l'année suivante, puisqu'en 2019 cette même équipe a **augmenté son chiffre d'affaires de 30%**.

### En conclusion

Mieux comprendre les autres à travers les types de personnalité devient un atout majeur tant sur le plan professionnel que personnel. En embrassant la diversité des modes de fonctionnement, cette approche offre **une base solide pour une meilleure harmonie dans la vie quotidienne et dans le monde du travail**.

Au cœur de ce processus, le coach accompagne et oriente les efforts du coaché pour mettre en application les concepts et observer les résultats de la transformation engagée. L'accompagnement du coach est complété par l'App *ComColors*[2] qui :

- fournit des conseils quotidiens pour nourrir la motivation du coaché ;

- permet d'identifier les types de personnalité de ses interlocuteurs ;

- permet d'analyser les interactions entre les couleurs du coaché et de celles de ses interlocuteurs ;

- Offre des conseils quotidiens pour interagir positivement avec les personnes identifiées.

Pour aller plus loin :

[1]https://www.youtube.com/playlist?list=PLwFlOrpt7V8P1iQWkgakqFrBf0dXoFfL6

[2]https://app.comcolors.com/login

Bibliographie de l'auteur :

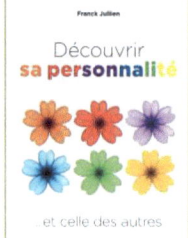

Titre : Découvrir sa personnalité, 2e édition

Auteur : Franck JULLIEN

Année : 2017

Editeur : EYROLLES

Titre : Pourquoi je stresse

Auteur : Franck JULLIEN

Année : 2013

Editeur : EYROLLES

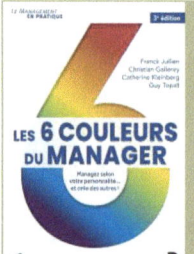

Titre : Les 6 couleurs du manager, 3e édition

Auteur : Franck JULLIEN & al.

Année : 2022

Editeur : DE BOEK SUP

Un sujet que vous aimeriez LIRE ?

Un article que vous aimeriez PUBLIER ?

Nous avons hâte de recevoir vos idées à :
*lecoachingpro@gmail.com*

# MÉTHODE DE COACH

*Accompagner l'incarnation et l'ancrage d'un leadership altruiste chez le dirigeant – Pascale RICHARD*

# MÉTHODE DE COACH

*Accompagner l'incarnation et l'ancrage d'un leadership altruiste chez le dirigeant*

Par Pascale RICHARD

Pour commencer, une question pragmatique ...

Dirigeant.es, leaders, avez-vous besoin de compter sur des collaborateurs engagés pour faire (ou continuer) avancer votre entreprise sur le chemin de la performance durable et pérenne ?

Coachs, aimeriez-vous accompagner les dirigeants vers un leadership durable et pérenne , favorisant l'engagement de leurs collaborateurs ?

Si la réponse est non, n'allez pas plus loin dans la lecture de cet article, vous perdriez votre temps !

Bien évidemment que pour réussir, une entreprise et ses dirigeants ont besoin – et c'est d'autant plus prégnant dans ce monde en mutation rapide et profonde, on peut parler de changement de paradigme même si le prochain n'est encore ni clair ni construit – de **collaborateurs pleinement engagés dans leurs missions, avec l'envie de mettre leurs compétences au service de la réussite commune**.

**Pascale RICHARD**
*Entrepreneure, coach professionnelle certifiée, consultante et formatrice*

Après avoir été dirigeante dans différents domaines d'activité pendant 25 ans, j'ai créé ma structure d'accompagnement « Ensemble Vers Votre Solution » en 2011.

Ce qui m'anime principalement à travers cette mission est l'accompagnement des entreprises à concilier le bien-être des acteurs de l'entreprise ET la performance durable au bénéfice de tous.

Avec le coaching individuel, le coaching d'équipes, des formations au management des collaborateurs, je suis également :

- Créatrice de l'approche du leadership altruiste basée sur les sagesses ancestrales ;
- Auteure du livre : « *ÊTRE UN DIRIGEANT HEUREUX-Prendre soin de soi et de ses collaborateurs.* » Editions AFNOR Novembre 2020 ;
- Créatrice avec Karine CASTELLO du jeu de cartes « *Les graines de compétence du leadership altruiste* ».

29

## La problématique

Triste réalité !

Une étude menée par Gallup dans 150 pays du monde révèle que seuls 15% des salariés se considèrent engagés. En France, le chiffre est encore plus bas, puisque **seulement 6% des collaborateurs sont engagés dans leur entreprise.**

Et les collaborateurs s'engagent lorsqu'ils trouvent du sens, bien sûr – qui peut reposer sur différents leviers - et surtout **s'ils se sentent reconnus sincèrement, respectés et inclus.**

Factuellement, il manque quelque chose dans le management !

*En quoi le management basé sur le leadership altruiste apporte-t-il des réponses concrètes et efficaces aux difficultés managériales constatées dans les entreprises, dans les organisations ?*

## Comprendre le leadership altruiste

Le leadership altruiste est une approche profondément humaniste qui guide le.la dirigeant.e, le leader dans sa volonté de concilier son bonheur véritable AVEC le bien-être des collaborateurs, des partenaires, AVEC la contribution à un monde meilleur ET AVEC la performance durable et pérenne de l'entreprise, de l'organisation.

Cette posture répond aux besoins de tous les dirigeant.es, leaders, lucides sur la réalité de l'interdépendance, qui ont conscience :

- que la réussite d'une entreprise, d'une personne se construit **avec des collaborateurs pleinement engagés dans leurs missions,** ayant l'envie de mettre leurs compétences au service de la réussite commune ;

- que les collaborateurs s'engagent lorsqu'ils trouvent du sens, bien sûr – qui peut reposer sur différents leviers - et surtout **s'ils se sentent reconnus sincèrement, respectés et inclus ;**

> *"Le leadership altruiste est une approche profondément humaniste."*

- que cet engagement découle et se mérite d'un management **bienveillant ET exigeant, authentique et sécurisant, respectueux, confiant et challengeant ;**

- que pour déployer sincèrement un tel management, il est nécessaire de **faire émerger et de cultiver son potentiel** de compétences de savoir-être relationnel, humaniste et spirituel, liées à notre nature fondamentale d'être humain.

Image by katemangostar on Freepik

## La promesse du leadership altruiste

Le coaching du leadership altruiste porte cette promesse d'accompagner les dirigeant.es, les leaders, au-delà des soft skills de surface pour **se connecter aux graines de compétences du leadership altruiste et à les mettre concrètement en action dans leur management quotidien, au bénéfice de tous.**

L'engagement dans un profond et sincère travail de connaissance de soi permet dans un premier temps de **se relier à sa véritable nature et de construire un bonheur solide, soutenant et nourrissant.**

Dans un second temps, il **nous ouvre et nous relie à l'autre par la compréhension et la compassion sincère.**

Dans un troisième temps, il nous permet d'accéder à la réalité de l'interdépendance et **nous guide vers notre responsabilité d'acteur du monde.**

Ce voyage au cœur de soi et de notre place dans le monde nous ouvre la porte à la joie d'être, quels que soient les obstacles rencontrés, pour **permettre à notre chemin personnel et notre chemin professionnel de se rejoindre dans la réalisation d'une mission de vie épanouissante et altruiste.**

Image by pressfoto on Freepik

## Mise en application

Concrètement, comment ce coaching peut-il accompagner le dirigeant dans le déploiement de ce leadership de manière puissante et pérenne ?

Pour qu'un dirigeant s'approprie cette démarche, il est indispensable **qu'il soit conscient et convaincu** des impacts directs – à travers son rôle et sa responsabilité – de sa manière de penser, de parler et d'agir sur soi, les autres, l'environnement au sens large ET bien sûr, les réalisations et réussites de l'entreprise.

Cette conscience permet de prendre une vraie décision courageuse envers soi, celle de l'engagement vers la connaissance de soi. Banal me direz-vous ? Oui sauf qu'ici il ne s'agit pas de juste connaître sa personnalité (persona = masque) et les comportements qui en découlent mais de se *relier* à sa nature fondamentale d'être humain. Autrement dit, **permettre au dirigeant ou leader d'aller voir derrière le masque.**

Je ne parle donc pas ici de l'approche de développement personnel tant galvaudée et dont le résultat constaté est l'épaississement de l'ego (je prends tellement soin de moi que j'en oublie les autres, voire être tourné vers soi me détourne des autres !).

Voici quelques exemples de questions que le coach peut soumettre au dirigeant qu'il accompagne dans le cadre de cette démarche et ainsi le guider vers un leadership altruiste :

- **Qui suis-je réellement** ?

- Comment je me **connecte à mes qualités intérieures** toujours présentes en moi et rarement activées ?

- Comment je réussis à **sortir de l'emprise de mon ego pour accéder à un bonheur solide, intemporel qui me permet de traverser sans casser, les aléas de la vie** ? Un bonheur authentique qui me connecte au soin des autres et du monde, connecté à la réalité de l'interdépendance ? Une approche du juste milieu qui me permet d'éviter les conséquences néfastes de l'égocentrisme et du sacrifice ?

Passionnant voyage, difficile sans doute pour beaucoup de nous, puisqu'il va nous ébranler, nous déstabiliser voire nous effrayer. Passionnant voyage vers la **reconnexion à notre véritable nature** recouverte jusqu'à présent de nos croyances limitantes, de nos perceptions erronées, de nos freins et de nos peurs.

Le coaching autour du leadership altruiste offre alors le **cadre sécurisant, permissif, confidentiel**, aidant pour entreprendre ce voyage avec confiance.

### Vers un management altruiste en 5 étapes

Cet accompagnement propose donc un chemin qui bâtit un cercle vertueux, dont les étapes se franchissent les unes après les autres et se consolident sur la précédente, en la renforçant.

En effet, comment dépasser l'acquisition des concepts intellectuels de la compréhension de l'autre, de la compassion, de l'interdépendance, de l'altruisme pour en faire un chemin concret et éthique dont découlent des actions concrètes et efficientes ?

Quelle méthode pour quelles intentions ?

Les étapes de ce chemin sont fondées sur les cinq grandes familles de compétences définies dans l'approche du leadership altruiste qui sont :

La méthode consiste à s'approprier et à cultiver chacune des vingt-cinq graines incluses dans ces familles, pour l'intégrer dans notre manière naturelle d'être.

## La méthode par l'exemple

Afin d'illustrer la méthode, nous prendrons pour exemple la graine « Ouverture d'esprit ».

Une petite graine qui a l'air toute simple. Pourtant en la cultivant, nous réussissons à :

- porter un regard différent sur ce qui nous entoure ;
- élargir l'horizon ;
- respirer plus amplement ;
- accéder à des opportunités, des ressources que nous ne voyons pas encore.

L'ouverture d'esprit nous permet d'aller au-delà des apparences, de la dualité trop simple et trop enfermante.

Si cette graine est véritablement cultivée en soi pour l'incarner au quotidien, quels en sont les bénéfices réels pour le.la dirigeant.e, le leader ?

En réalité, ces bénéfices sont multiples :

- Changement de perception sur ce qui nous irrite et provoque du stress ou des agissements inadéquats, pour PLUS DE SERENITE et d'ACTIONS JUSTES ;
- Acceptation et accueil des différences, véritable vivier d'idées pour PLUS DE CREATIVITE ;
- Mise en lumière des talents pour des collaborateurs reconnus pour PLUS D'ENGAGEMENT dans l'entreprise ;
- Ouverture de l'espace des possibles pour UNE COOPERATION PLUS FERTILE ;
- Etc.

### A VOTRE RÉFLEXION

*"Et vous leaders, que vous apporterait dans votre posture une plus grande ouverture d'esprit ?
Et vous coachs, qu'aimeriez-vous changer dans votre pratique pour accompagner les dirigeants à faire émerger tout leur potentiel de leadership altruiste ?"*

# LA VEILLE DU COACH

*Actualité et tendances du mois*

# LA VEILLE DU COACH

## *Actualité et tendances*

Force est de constater que l'actualité du coaching est riche et que nous sommes facilement noyés dans la masse d'information outre que cela demande (beaucoup) de temps. Pour vous permettre d'assurer votre veille plus facilement et rapidement, j'ai collecté pour vous chaque jour les informations importantes des semaines passées depuis des sources diverses. En voici donc une synthèse présentée par thème.

 **AVIS D'EXPERTS**

---

**COACHING D'ORGANISATION** | **IA : Vers une radicalisation des enjeux de pouvoir dans l'entreprise** – Isabelle Ferreras | **Harvard Business Review**

- **Date** : 27 octobre 2023
- **Idée clé** : L'IA révolutionne les entreprises, redéfinissant les pouvoirs au travail. Les travailleurs gagnent un rôle décisionnel sur l'utilisation de l'IA, avec des implications majeures pour les managers et dirigeants. La démocratie au travail devient essentielle pour façonner un avenir équilibré et durable.
- **Source** : https://www.hbrfrance.fr/organisation/intelligence-artificielle-vers-une-radicalisation-des-enjeux-de-pouvoir-dans-lentreprise-60301

---

**CO-DEVELOPPEMENT** | **Le groupe de codéveloppement, un produit du terroir Québécois** – Béatrice Melin (MCC) & Michel Desjardins (PCC) |

- **Date** : 27 octobre 2023
- **Idée clé** : Si vous ne connaissez pas déjà le co-développement, sachez qu'il s'agit d'une méthode efficace pour résoudre un problème grâce à l'intelligence collective. Deux coachs professionnels nous fournissent les 6 raisons qui expliquent le succès de cette discipline. En l'occurrence, nous notons une démarche pragmatique, basée sur l'entraide, capitalisant sur les compétences du coach, avec des impacts de plus en plus documentés et prouvés.
- **Source** : https://www.coachfederation.fr/le-groupe-de-codeveloppement-un-produit-du-terroir-quebecois

---

**EXECUTIVE COACHING** | **Comment réussir ses premiers pas dans un comité exécutif.** – Michel Tobelem | **Harvard Business Review**

- **Date** : 18 octobre 2023
- **Idée clé** : Intégrer un comité de direction est une étape majeure dans une carrière. Il s'agit de passer d'un périmètre individuel à un impact sur toute l'entreprise qui devient essentiel. Pour s'y préparer, le spécialiste et rédacteur de l'article recommande un programme sur mesure incluant un coaching professionnel et une évaluation complète.
- **Source** : https://www.hbrfrance.fr/organisation/comment-reussir-ses-premiers-pas-dans-un-comite-executif-60293

---

**COACHING PROFESSIONNEL** | **Le nouveau rôle sociétal du coach** – Sylvie Plouchard (SIMACS) | **INFORMATIONS ENTREPRISE**

- **Date** : 04 novembre 2023
- **Idée clé** : Le coaching professionnel, soutenu par le SIMACS, intervient dans les pratiques managériales, les liens sociaux, la résilience des individus, l'intelligence émotionnelle, la santé mentale, la QVCT et le RSE. Ce qui fait que le coach a un rôle sociétal de par sa capacité à s'adapter et à répondre aux besoins sociétaux.
- **Source** : https://www.linkedin.com/posts/international-coach-federation-france_le-nouveau-r%C3%B4le-soci%C3%A9tal-du-coach-activity-7126493293378449408-GKmN

## TENDANCES ET INSPIRATION

---

**PATRIMOINE HUMAIN** — **Pourquoi les salariés démissionnent davantage après une promotion**

- **Date** : 31 octobre 2023
- **Idée clé** : Promotion au travail : une étude de l'ADP Research Institute révèle que 29% des employés quittent leur entreprise dans le mois qui suit leur promotion, contre 18% sans promotion. Les nouveaux promus disposent en effet d'un CV plus attractif et se sentent en confiance pour accepter un poste à l'extérieur.
- **Source** : https://start.lesechos.fr/travailler-mieux/vie-entreprise/pourquoi-les-salaries-demissionnent-davantage-apres-une-promotion-2026061

---

**FUTURE OF WORK** — **2028 : l'année où les machines égaleront l'intelligence humaine ?**

- **Date** : 01 novembre 2023
- **Idée clé** : Shane Legg, co-fondateur de DeepMind de Google, maintient sa prédiction audacieuse : d'ici 2028, nous avons une probabilité de 50 % d'atteindre le niveau d'intelligence artificielle équivalent à celui des humains. En tant que professionnel de l'humain, on peut se demander ce que cela changerait pour nous ?
- **Source** : https://www.futura-sciences.com/tech/actualites/intelligence-artificielle-2028-annee-machines-egaleront-intelligence-humaine-108814

---

**LEADERSHIP** — **Pour en finir avec le « leadership bullshit »**

- **Date** : 16 novembre 2023
- **Idée clé** : Alors qu'une vague montante du « leadership bullshit » émane, il s'agit de lui redonner ses lettres de noblesse, sa puissance et la place qu'il mérite. Pour cela, l'article propose concrètement d'arrêter de faire la différence entre les leaders et les managers, de mesurer l'impact du leadership par des résultats visibles (et pas seulement sur le plan financier), de ne pas transiger sur la cohérence entre le discours et les actes, …
- **Source** : https://www.hbrfrance.fr/leadership/pour-en-finir-avec-le-leadership-bullshit-60318

---

**COACHING & IA** — **Comment l'IA va bouleverser le coaching ?**

- **Date** : 08 août 2023
- **Idée clé** : Un article qui m'avait échappé et qui pourtant apporte un regard relativement complet de l'avancée de l'intelligence artificielle dans le monde du coaching et son impact. Entre apport, évolution, vigilance en termes d'éthique, normalisation, … Finalement, l'angle de vue proposé, c'est « l'accompagnateur (coach) accompagné (par l'IA) » pour plus d'impact chez les personnes et au sein des entreprises.
- **Source** : https://www.lebigdata.fr/comment-ia-va-bouleverser-coaching

---

**COACHING D'ORGANISATION** — **Marque employeur : des attentes pas toujours en phase avec les démarches des entreprises**

- **Date** : 19 octobre 2023
- **Idée clé** : Si vous cherchez des chiffres sur le monde du travail et le Patrimoine Humain, vous serez servis avec cette étude commanditée par Welcome To The Jungle. En particulier, le coaching apparaît explicitement comment facteur de développement des personnes et levier d'attractivité des talents.
- **Source** : https://www.focusrh.com/strategie-rh/communication-rh/marque-employeur-des-attentes-pas-toujours-en-phase-avec-les-demarches-des-entreprises-35203.html

---

## APPRENDRE

### COACHING DE CARRIÈRE
**Référentiels de soft skills : quels cadres et outils pour identifier les soft skills ?**

CULTURE RH

- **Date** : 30 octobre 2023
- **Idée clé** : Alors que l'importance des soft skills n'est plus à prouver, cet article nous fournit une liste consistante des référentiels afférents. Il y a de grandes chances que vous en découvriez de nouveaux. Utile pour accompagner les salariés ou les coachés dans leur évolution professionnelle. A noter que le référentiel le plus complet, et qui se veut exhaustif, énumère pas moins de 13.485 compétences !
- **Source** : https://culture-rh.com/referentiels-soft-skills-cadres-outils-identification

### INTELLIGENCE EMOTIONNELLE
**La thérapie d'acceptation et d'engagement (ACT) pour trouver un sens à sa vie**

PSYCHOLOGIES

- **Date** : 26 octobre 2023
- **Idée clé** : La Thérapie ACT vous aide à trouver du sens en acceptant vos émotions, agissant en accord avec vos valeurs, et brisant les schémas d'évitement. Les piliers de cette approche incluent l'acceptation des émotions, la compréhension des mécanismes d'évitement, et la libération des freins pour une action alignée avec vos valeurs profondes. Finalement, l'ACT est une clé vers le bien-être et le leadership authentique.
- **Source** : https://www.psychologies.com/actualites/therapie-acceptation-ACT-vie

### QVCT
**7 astuces pour favoriser un environnement de travail propice à une bonne santé mentale**

Les Echos SOLUTIONS

- **Date** : 17 octobre 2023
- **Idée clé** : La santé mentale en entreprise : une préoccupation essentielle. Une enquête révèle que 69% des salariés se sentent plutôt épanouis au travail, mais 81% sont affectés par l'exigence et la pression. 7 pistes sont proposées ici comme encourager la communication bienveillante, promouvoir le travail d'équipe, …
- **Source** : https://solutions.lesechos.fr/equipe-management/c/semaine-de-la-sante-mentale-7-astuces-pour-favoriser-un-environnement-de-travail-propice-a-une-bonne-sante-mentale-42139

### LEADERSHIP
**Managers : plus que le salaire, découvrez ce qui motive vraiment vos équipes**

- **Date** : 24 octobre 2023
- **Idée clé** : La motivation au travail est un défi complexe ! Entre facteurs intrinsèques et extrinsèques, quels sont les véritables moteurs des collaborateurs ? La clé réside dans la compréhension des moteurs internes de chacun. Sur la base d'une étude, un des co-auteurs de l'article rappelle sa formule DREAM quasi-magique pour comprendre la motivation au travail et maximiser l'engagement des collaborateurs.
- **Source** : https://www.welcometothejungle.com/fr/articles/managers-ce-qui-motive-vos-equipes-plus-que-salaire

### NEUROSCIENCES
**La résilience et neurosciences, quel rapport ?**

- **Date** : 23 octobre 2023
- **Idée clé** : La résilience, liée à la neuroplasticité cérébrale, permet de surmonter des traumatismes. En coaching, des techniques comme la méditation et la pensée positive renforcent cette capacité, favorisant la régulation émotionnelle. Trois régions cérébrales jouent un rôle clé : l'amygdale, le cortex préfrontal et l'hippocampe.
- **Source** : https://outilsducoach.com/associer-resilience-coaching-et-neuroscience/

 37

# Découverte du mois

*Conférence : Coaching Summit*

Chaque année, et pour la 4ᵉ édition très prochainement, une vingtaine de coachs professionnels se réunissent pour nous offrir des Masterclass et des démonstrations de coaching en LIVE. Cette 4ᵉ édition aura lieu du 29 novembre au 3 décembre 2023. Elle aura pour thématique *l'épanouissement professionnel, la spirale du succès*. Le premier niveau d'inscription est gratuit et permet d'assister aux démonstrations LIVE.

Découvrir la conférence et le programme

- https://coachingsummit.ma/

# S'il y avait trois idées à retenir

1. La PNL est alignée avec le coaching de performance en lui apportant des outils pragmatiques et opérationnels. Elle a su évoluer et continue de le faire pour s'adapter au monde qui change en permanence et une recherche de performance toujours plus forte.

2. Le leadership altruiste offre une nouvelle voie pour plus de sérénité, de créativité, d'engagement et de coopération pour les leaders et ses équipes.

3. L'outil *ComColors* utilise la psychométrie et les apports du coaching pour apporter des résultats solides. Il permet ainsi au coaché de définir son mode de fonctionnement et lui fournit les pistes d'une meilleure harmonie dans sa vie quotidienne et professionnelle.

www.ingramcontent.com/pod-product-compliance
Lightning Source LLC
Chambersburg PA
CBHW041530280526
45792CB00004B/1444